Cuadernos liberales

Pérdidas y ganancias

Ludwig von Mises

PÉRDIDAS Y GANANCIAS

Unión Editorial
2024

© 2024 UNIÓN EDITORIAL, S.A.
c/ Hilarión Eslava 21 - local • 28015 Madrid
Tel.: 91 350 02 28
Correo: editorial@unioneditorial.net
www.unioneditorial.es

ISBN: 978-84-7209-917-3
Depósito legal: M.4.586-2024

Compuesto e impreso por JPM Graphic, S.L.
Impreso en España • *Printed in Spain*

ÍNDICE

En este sentido, podemos decir que la economía es apolítica o no política, aunque sea el fundamento de la política y de todo tipo de acción política. Podemos además decir que es perfectamente neutral con respecto a todos los juicios de valor, al referirse siempre a medios y nunca a la elección de fines últimos.

LUDWIG VON MISES*

---

* Ludwig Von Mises es reconocido como el líder de la Escuela Austria-ca de pensamiento económico, prodigioso autor de teorías económicas y un escritor prolífico. Los escritos y lecciones de Mises abarcan teoría económica, historia, epistemología, gobierno y filosofía política. Sus contribuciones a la teoría económica incluyen importantes aclaraciones a la teoría cuantitativa del dinero, la teoría del ciclo económico, la integración de la teoría monetaria con la teoría económica general y la demostración de que el socialismo debe fracasar porque no puede resolver el problema del cálculo económico. Mises fue el primer estudioso en reconocer que la economía es parte de una ciencia superior sobre la acción humana, ciencia a la que llamó "praxeología".

Este trabajo se preparó para la reunión de la Sociedad Mont Pèlerin en Beauvallon, Francia, del 9 al 16 de septiembre de 1951. Está incluido en Planning for Freedom (South Holland, Ill.: Libertarian Press, 1952). El artículo original se encuentra en: http://mises.org/daily/2321 (Publicado el 7 de octubre de 2006).

A. La naturaleza económica de las pérdidas y ganancias

1. La aparición de las pérdidas y ganancias

En el sistema capitalista de organización económica de la sociedad, los empresarios determinan el curso de la producción. En la ejecución de esta función están incondicional y totalmente sujetos a la soberanía del público comprador, los consumidores. Si no producen de la forma más barata y mejor posible esos productos que los consumidores están reclamando más urgentemente, sufren pérdidas y finalmente son eliminados de su posición empresarial. Otros hombres que sepan cómo atender mejor a los consumidores los reemplazan.

Si todo el mundo previera correctamente el estado futuro del mercado, los empresarios no obtendrían ningún beneficio ni sufrirían ninguna pérdida. Tendrían que comprar los factores complementarios de producción a precios que, ya en el momento de la compra, reflejen completamente los precios futuros de los productos. No habría espacio ni para pérdidas ni para ganancias. Lo que hace que aparezca la ganancia es el hecho de que el empresario que juzga los precios futuros de los productos más correctamente que otra gente compra algunos o todos los factores de producción a precios que, vistos desde el punto de vista del estado futuro del mercado, son demasiado bajos. Así que los costes totales de producción (incluyendo el interés en el capital invertido) quedan por debajo de los precios que recibe el

11

empresario por el producto. Esta diferencia es la ganancia empresarial.

Por otro lado, el empresario que juzgue mal los precios futuros de los productos hace que los precios de los factores de producción, que, vistos desde el punto de vista del futuro estado del mercado, sean demasiado altos. Sus costes totales de producción exceden los precios a los que pueden vender el producto. Esta diferencia es la pérdida empresarial.

Así que pérdidas y ganancias se generan pro el éxito o fracaso en ajustar el curso de las actividades de producción a la demanda más urgente de los consumidores. Una vez se alcanza este ajuste, desaparecen. Los precios de los factores complementarios de producción llegan a una altura en la que los costes totales de producción coinciden con el precio del producto. Las pérdidas y ganancias son características siempre presentes solo debido al hecho de que el incesante cambio en los datos económicos crea constantemente nuevas discrepancias y consiguientemente se origina la necesidad de nuevos ajustes.

2. La distinción entre beneficios y otras ganancias

Muchos errores respecto de la naturaleza de las pérdidas y ganancias se deben a la práctica de aplicar el término beneficio a la totalidad de las ganancias residuales de un empresario.

El interés en el capital empleado no es parte componente del beneficio. Los dividendos de una empresa no son beneficio. Son intereses por el capital invertido más ganancia o menos pérdida.

El equivalente del mercado del trabajo realizado por el empresario en la dirección de los asuntos de la empresa son los cuasi-salarios empresariales, pero no el beneficio.

Si la empresa posee un factor en el que puede conseguir precios de monopolio, obtiene una ganancia de monopolio. Si esta empresa es una empresa cotizada, esas ganancias aumentan el dividendo. Pero no son propiamente beneficios. Más serios son aún los errores debidos a la confusión de la actividad empresarial y la innovación y mejoras tecnológicas.

El mal ajuste cuya eliminación es la función esencial del empresario puede consistir a menudo en el hecho de que no se hayan utilizado nuevos métodos tecnológicos en toda la plenitud en que deberían estar para proporcionar la mayor satisfacción posible de la demanda de los consumidores. Pero no es siempre necesariamente el caso. Los cambios en los datos, especialmente en la demanda de los consumidores, pueden requerir ajustes que no se refieran en absoluto a innovaciones y mejoras tecnológicas. El empresario que simplemente aumente la producción de un artículo añadiendo a las instalaciones existentes de producción una nueva apariencia sin ningún cambio en el método tecnológico de producción no es menos empresario que el hombre que crea una nueva forma de producir. El negocio del empresario no es meramente experimentar con nuevos métodos tecnológicos, sino seleccionar de entre la multitud de métodos tecnológicamente disponibles aquellos que sean más apropiados para proporcionar al público de la forma más barata las cosas que piden más urgentemente. El que un nuevo procedimiento tecnológico sea o no apropiado para este fin será decidido provisionalmente por el empresario y finalmente por la conducta del público comprador. La cuestión no es si hay que considerar un nuevo método como una solución más "elegante" de un problema tecnológico. Es si, bajo el estado concreto de datos económicos, es el mejor método posible de ofertar a los consumidores de la manera más barata,

Las actividades del empresario consisten en la toma de decisiones. Determina para qué propósito deberían emplearse los factores de producción. Cualesquiera otros actos que pueda realizar un empresario son meramente accidentales en su función empresarial. Eso es lo que la gente normal normalmente no entiende. Confunde las actividades empresariales con la dirección de los asuntos tecnológicos y administrativos de una planta. A sus ojos, ni los accionistas, ni los promotores y especuladores, sino los empleados contratados son los verdaderos empresarios. Los primeros son únicamente parásitos ociosos que se embolsan los dividendos.

Pero nadie contesta nunca que uno puede producir sin trabajar. Pero tampoco es posible producir sin bienes de capital, los factores previamente producidos de posterior producción. Estos bines de capital son escasos, es decir, no bastan para la producción de todas las cosas que a uno le gustaría haber producido. Aquí aparece el problema económico: emplearlos de tal manera que solo deberían producirse aquellos bienes que son apropiados para satisfacer las demandas más urgentes de los consumidores. Ningún bien debería permanecer sin producir debido al hecho de que los factores requeridos para su producción se utilizaron (desperdiciaron) para la producción de otro bien para el que la demanda del público sea menos intensa. Lograr esto es bajo el capitalismo la función del empresario que determina la asignación de capital a las diversas ramas de la producción. Bajo el socialismo sería una función del estado, el aparato social de coacción y opresión. El problema de si un directorio socialista, al faltarle todo método de cálculo económico, podría cumplir esta función no será objeto de este ensayo.

Hay una regla sencilla para distinguir empresarios de no empresarios. Los empresarios son aquellos a sobre quienes recae la incidencia de las pérdidas en el capital empleado. Los economistas aficionados pueden confundir beneficio con otros tipos de entradas. Pero es imposible reconocer las pérdidas en el capital empleado.

3. Gestión sin ánimo de lucro

Lo que se ha llamado la democracia del mercado se manifiesta en el hecho de que el negocio con ánimo de lucro está incondicionalmente sujeto a la supremacía del público comprador.

Las organizaciones sin ánimo de lucro son soberanas sobre sí mismas. Están, dentro de los límites marcados por la cantidad de capital a su disposición, en situación de desafiar los deseos del público.

Un caso especial es el de la gestión de los asuntos públicos, la administración del aparato social de coacción y opresión, es decir, el poder policial. Los objetivos del gobierno, la protección de la inviolabilidad de las vidas y la salud de los individuos y de sus esfuerzos por mejorar las condiciones materiales de su existencia, son indispensables. Benefician a todos y son el requisito previo necesario de la cooperación social y la civilización. Pero no pueden venderse y comprarse de la forma en que se venden y compran las mercancías, así que no tienen precio en el mercado. Con respecto a ellos no puede haber ningún cálculo económico. Los gastos incurridos para su realización no pueden compararse con un precio recibido por el producto. Este estado de cosas haría déspotas irresponsables a los encargados de la administración de actividades públicas si no estuvieran limitados por el sistema presupuestario. Bajo este sistema se obliga a los administradores a cumplir con instrucciones detalladas impuestas por el soberano, ya sea un autócrata autonombrado o todo el pueblo actuando a través de sus representantes electos. A los cargos se les asigna fondos limitados que están obligados a gastar solo para esos fines que haya ordenado el soberano. Así que la gestión de las administraciones públicas se convierte en burocrática, es decir, dependiente de reglas y regulaciones detalladas y definidas.

La gestión burocrática es la única alternativa disponible en la que no hay gestión por pérdidas y ganancias.[1]

4. El voto del mercado

Los consumidores con su compra y abstención de comprar eligen a los empresarios en una especie de plebiscito repetido. Determinan quién debería tener y quién no cuánto debe tener cada propietario.

Como ocurre en todos los casos de elección de una persona (elección de cargos públicos, empleados, amigos o consorte), la decisión de los consumidores se basa en la experiencia y por tanto siempre se refiere al pasado. No hay experiencia del futuro. El voto del mercado eleva a quienes han servido mejor a los consumidores en el pasado inmediato. Sin embargo la elección no es inalterable y puede corregirse diariamente. El elegido que decepcione al elector se ve rápidamente rebajado en la clasificación.

Cada voto de los consumidores añade solo un poco a la esfera de acción del hombre elegido. Para llegar a los niveles superiores de los empresarios necesita un gran número de votos, repetidos una y otra vez durante un largo periodo de tiempo, una serie larga de éxitos. Debe soportar cada día

---

[1] Cf. Mises, *Human Action*, Yale University Press, 1949, pp. 306-307; *Bureaucracy*, Yale University Press, 1944, pp. 40-73.

un nuevo juicio, debe someterse de nuevo a la reelección, por decirlo así.

Lo mismo para con sus herederos. Pueden mantener su situación privilegiada solo recibiendo una y otra vez confirmación por parte del público. Su cargo es revocable. Si lo retienen, no es debido a los merecimientos de su predecesor, sino a su propia capacidad de emplear el capital para la mejor satisfacción posible de los consumidores.

Los empresarios no son perfectos ni buenos en ningún sentido metafísico. Deben su posición exclusivamente al hecho de que están mejor dotados que otros para realizar las funciones que les corresponden. Obtienen beneficios no porque sean más inteligentes al realizar sus tareas, sino porque son más inteligentes o menos torpes que otros. No son infalibles y se equivocan a menudo. Pero son menos tendentes al error y se equivocan menos que otros. Nadie tiene derecho a molestarse por los errores realizados por los empresarios en su dirección y destacar que la gente habría estado mejor provista si el empresario hubiera sido más hábil o previsor. Si el quejica sabe hacerlo mejor, ¿por qué no lo hace él mismo y aprovecha la oportunidad para obtener beneficios? Realmente es fácil ser previsor después de que ocurra. Al mirar atrás, todos los tontos se convierten en listos.

Una cadena popular de razonamiento es esta: El empresario consigue beneficios no solo debido al hecho de que otra gente tuvo menos éxito que él previendo el estado futuro del mercado. Él mismo contribuyó a la aparición del beneficio a lo producir más del artículo correspondiente, pero por una restricción intencionada de la producción por su parte, la oferta de este producto habría sido tan amplia que el precio habría bajado a un punto en el que no habría aparecido ningún exceso de ingresos sobre costes de producción gastados. Este razonamiento está en el fondo de las falsas doctrinas de la competencia imperfecta y monopolística. Se recurrió a él hace poco tiempo por parte de la administración estadounidense cuando culpó a las empresas del sector del acero del hecho de que la capacidad de producción de acero de Estados Unidos no fuera mayor de que era realmente.

Indudablemente los dedicados a la producción de acero no son responsables de que otra gente no entrara igualmente en este campo de producción. El reproche por parte de las autoridades habría tenido sentido si hubieran otorgado a las empresas existentes del acero el monopolio de su producción. Pero en ausencia de dicho privilegio, la reprimenda dada a las fábricas operativas no está más justificada de lo que estaría censurar a los poetas y músicos de la nación por el hecho de que no haya más y mejores poetas y músicos. Si hay que acusar a alguien del hecho de que la cantidad de gente que se unió a la organización de defensa voluntaria civil no sea mayor, no es a aquellos que ya se hayan unido a ella, sino solo a quienes no lo hayan hecho.

El que la producción de un producto p no sea mayor de la que realmente es, se debe al hecho de que los factores complementarios de producción requeridos para una expansión se emplearon para la producción de otros productos. Hablar de una insuficiencia de la oferta de p es retórica vacía si no indica los diversos productos m que se produjeron en excesivas cantidades con el efecto de que su producción parece ahora, es decir, después de acontecimiento, como un desperdicio de factores escasos de producción. Podemos suponer que los empresarios que en lugar de producir cantidades adicionales de p se dedicaron a la producción de cantidades excesivas de m y consecuentemente sufrieron pérdidas, no cometieron intencionadamente este error.

Tampoco lo productores de p restringen intencionadamente la producción de p. Todo capital de un empresario es limitado: lo emplea para aquellos proyectos que, espera que generen el máximo beneficio al atender la demanda más urgente del público.

Un empresario a cuya disposición hay 100 unidades de capital emplea, por ejemplo, 50 unidades para la producción de p y 50 unidades para la producción de q. Si ambas líneas son rentables, es difícil culparle por no haber empleado más, por ejemplo, 75 unidades, para la producción de p. Aumentaría la producción de p solo recortando la producción correspondiente de q. Pero con respecto a q los protestantes podrían encontrar el mismo defecto. Si uno culpa al empresario por no haber producido más p, uno debe culparle también por no haber producido más q. Esto significa: uno culpa al empresario por el hecho de que hay escasez de factores de producción y de que la tierra ni es Jauja.

Tal vez quien protesta objetará porque considera que p es un producto esencial, mucho más importante que q y por tanto la producción de p debería expandirse y la de q restringirse. Si este es realmente el sentido de su crítica, no está de acuerdo con las valoraciones de los consumidores. Se quita la máscara y muestra sus aspiraciones dictatoriales. La producción no debería dirigirse por los deseos del público sino por su propia discreción despótica. Pero si la producción de q de nuestro empresario implica una pérdida, es evidente que su defecto fue su mala previsión y no fue intencionada.

La entrada en las filas de los empresarios en una sociedad de mercado, no saboteada por la interferencia del gobierno u otras agencias que recurran a la violencia, está abierta a todos. Quienes saben cómo aprovechar cualquier oportunidad de negocio que brote siempre encontrarán el capital requerido. Pues el mercado está siempre lleno de capitalistas deseosos de encontrar el empleo más prometedor para sus fondos y en busca de recién llegados ingeniosos, en cuya compañía podrían llevar a cabo los proyectos más remunerativos.

La gente a menudo no percibe esta característica propia del capitalismo porque no entiende el significado y los efectos de la escasez de capital. La tarea del empresario es seleccionar de la multitud de proyectos tecnológicamente viables aquellos que satisfarán las necesidades más urgentes pero aún no satisfechas del público. Estos proyectos para cuya ejecución la oferta de capital no basta no deben llevarse a cabo. El mercado está siempre lleno de visionarios que quieren proponer esos planes impracticables e inoperantes. Son estos soñadores los que siempre se quejan de la ceguera de los capitalistas que son demasiado estúpidos como para atender sus propios intereses. Por supuesto, los inversores a menudo se equivocan al elegir sus inversiones. Pero estos fallos consisten precisamente en el hecho de que prefirieron un proyecto inapropiado a otro que habría satisfecho necesidades más urgentes del público comprador.

La gente a menudo yerra lamentablemente al estimar el trabajo del genio creativo. Solo una minoría de hombres puede apreciar lo suficiente como para atribuir el valor correcto a los logros de poetas, artistas y pensadores. Puede ocurrir que la indiferencia de sus contemporáneos haga imposible que un genio consiga los que habría logrado si sus conciudadanos hubieran mostrado un mejor juicio. La forma en que son seleccionados el poeta laureado y el filósofo de moda es indudablemente cuestionable.

Pero es intolerable cuestionar la elección de libre mercado de los empresarios. La preferencia de los consumidores por artículos concretos puede estar sujeta a condena desde el punto de vista del juicio de un filósofo. Pero los juicios de valor no siempre necesariamente personales y subjetivos. El consumidor escoge lo que piensa que le satisface más.

No se emplaza a nadie a determinar qué podría hacer más feliz o menos infeliz a otro hombre. La popularidad de los automóviles, televisores y las medias de nylon puede criticarse desde un punto de vista "superior". Pero son las cosas que pide la gente. Ponen sus votos en aquellos empresarios que les ofrecen esta mercancía de la mejor calidad al precio más barato.

Al elegir entre diversos partidos y programas políticos para la organización social y económica de la comunidad, la mayoría de la gente está desinformada y tantea en la oscuridad. Al votante medio le falta el conocimiento para distinguir las políticas apropiadas para lograr los fines que pretende de las políticas inapropiadas. Se pierde al examinar las largas cadenas de razonamiento apriorístico que constituyen la filosofía de un programa social completo. En el mejor de los casos puede formarse alguna opinión acerca de los efectos a corto plazo de las respectivas políticas. No es capaz de entender los efectos a largo plazo. Socialistas y comunistas a menudo afirman en principio la infalibilidad de las decisiones de la mayoría. Sin embargo traicionan sus propias palabras al criticar a las mayorías parlamentarias que rechazan sus creencias y al negar al pueblo, bajo el sistema de partido único, la posibilidad de elegir entre distintos partidos.

Pero al comprar un producto o abstenerse de hacerlo no hay implícito nada más que el deseo del consumidor de la mejor satisfacción posible de sus deseos instantáneos. El consumidor no elige (como el votante en la votación política) entre distintos medios cuyos efectos aparecen solamente después. Elige entre cosas que inmediatamente producen satisfacción. Su decisión es definitiva.

Un empresario obtiene beneficios sirviendo a los consumidores, el pueblo, tal y como son y no como deberían ser según las ideas de algún protestante o potencial dictador.

5. La función social de pérdidas y ganancias

Los beneficios nunca son normales. Solo parecen cuando hay un desajuste, una divergencia entre la producción real y la producción de debería haber para utilizar los recursos materiales y mentales disponibles para la máxima satisfacción posible de los deseos del público. Son los premios a quienes eliminan este desajuste; desaparecen tan pronto como el desajuste se elimina completamente. En la construcción imaginaria de una economía en rotación constante no hay beneficios. Allí la suma de los precios de los factores complementarios de producción, el pago debido por la preferencia temporal, coincide con el precio del producto.

Cuando mayores sean los desajustes precedentes, mayor será el beneficio obtenido por su eliminación. Los desajustes pueden a veces calificarse como excesivos. Pero es inapropiado aplicar el calificativo "excesivo" a los beneficios.

La gente llega a la idea de beneficios excesivos confrontando la ganancia del capital empleado en la empresa y midiendo el beneficio como un porcentaje del capital. Este método se sugiere por el procedimiento habitual aplicado en sociedades y corporaciones para la asignación de cuotas de la ganancia total a los socios y accionistas individuales. Estos hombres han contribuido en distinto grado a la realización del proyecto y han compartido pérdidas y ganancias de acuerdo con el grado de sus contribuciones.

Pero no es el capital empleado lo que crea pérdidas y ganancias. El capital no "engendra beneficio" como pensaba Marx. Los bienes de capital como tales son cosas muertas que en sí mismas no logran nada. Si se utilizan de acuerdo con una buena idea, se obtienen ganancias. Si se utilizan de acuerdo con una idea errónea, se producen pérdidas y ningún beneficio. Es la decisión empresarial la que crea las pérdidas o ganancias. Es de los actos mentales, de la mente del empresario, de donde se original en definitiva las ganancias. El beneficio es un producto de la mente, del éxito en anticipar el estado futuro del mercado. Es un fenómeno espiritual e intelectual.

El absurdo de condenar cualquier beneficio como excesivo puede demostrarse fácilmente. Una empresa con un capital de cantidad c produjo una cantidad concreta de p que se vendió a precios que produjeron un exceso de ingresos sobre costes de s y consecuentemente un beneficio del n%. Si El empresario hubiera sido menos capaz, habría necesitado un capital de $2c$ para la producción de la misma cantidad de p. vamos a olvidar incluso el hecho de que habría aumentado necesariamente los costes de producción ya que habría doblado el interés sobre el capital empleado y podemos suponer que s permaneció inalterado. Pero en todo caso s se hubiera comparado con $2c$ en lugar de c y por tanto el beneficio habría sido solo del $n/2$% del capital empleado. El beneficio "excesivo" se habría reducido a un nivel "justo". ¿Por qué? Porque el empresario fue menos eficiente y porque esta falta de ineficiencia privó a sus conciudadanos de todas las ventajas que podían haber obtenido si hubiera quedado disponible una cantidad c de bienes de capital para la producción de otras mercancías.

Al calificar los beneficios como excesivos y penalizar a los empresarios eficientes con impuestos discriminatorios, la gente se daña a sí misma. Gravar los beneficios equivale a gravar el éxito en servir mejor al público. El único objetivo de todas las actividades de producción es emplear los factores de producción de tal manera que rindan el máximo producto posible. Cuando más pequeña sea la entrada requerida para la producción de un artículo, más factores de producción quedan para la producción de otros artículos. Pero cuanto más éxito tiene un empresario en este aspecto, más se le ataca y más se le extrae mediante impuestos. Aumentar los costes por unidad de producción, es decir, desperdiciar, se alaba como virtud.

La manifestación más asombrosa de este completo fracaso en entender la tarea de la producción y la naturaleza y funciones del beneficio se muestra en la superstición popular de que el beneficio es un añadido a los costes de producción, cuya altura depende únicamente de la discreción del vendedor. Es esta creencia la que guía al gobierno a la hora de controlar precios. Es la misma creencia que ha llevado a muchos gobiernos a llegar a acuerdos con sus contratistas según los cuales el precio a pagar por un artículo entregado ha de igualar los costes de producción dedicados por el vendedor aumentados en un porcentaje concreto. El efecto era que el proveedor obtenía más dinero extra cuanto menos éxito tuviera en evitar costes superfluos.

Los contratos de este tipo aumentaron considerablemente las cifras que Estados Unidos tuvo que gastar en las dos guerras mundiales. Pero los burócratas, ante todo los profesores de economía que trabajaron en diversas agencias de guerra, alardeaban de sus inteligente manejo del asunto.

Todos, empresarios y no empresarios, ven con recelo cualquier beneficio obtenido por otros. La envidia es una debilidad común de los hombres. A la gente le cuesta reconocer el hecho de que ella misma podía haber obtenido beneficios si hubiera mostrado la misma previsión y juicio que tuvo el empresario de éxito. Su resentimiento es más violento cuanto más subconscientemente reconozca este hecho.

No habría ningún beneficio sin el deseo del público de adquirir la mercancía ofrecida a la venta por el empresario de éxito. Pero la misma gente que corre a comprar estos artículos condena al empresario y califica de mal habido su beneficio.

La expresión semántica de esta envidia es la distinción entre renta ordinaria y extraordinaria. Aparece en libros de texto, en el leguaje legal y el procedimiento administrativo. Así, por ejemplo, el formulario oficial 201 de devolución del impuesto de la renta del Estado de Nueva York califica como "ganancias" solo a las compensaciones recibidas por empleados e implícitamente toda la demás renta, incluida la resultante del ejercicio de una profesión, es renta extraordinaria. Esa es la terminología de un estado cuyo gobernador es un republicano y cuya asamblea estatal tiene una mayoría republicana.

La opinión pública consiente los beneficios solo mientras no excedan el salario pagado a un empleado. Todo exceso se rechaza como injusto. El objetivo de los impuestos es, bajo el principio de capacidad de pago, confiscar este exceso.

Pero una de las funciones principales de los beneficios es trasladar el control del capital a aquellos que saben cómo emplearlo de la mejor manera posible para la satisfacción del público. Cuanto más gane un hombre, mayor se hará su riqueza y más influyente se hará en la dirección de asuntos económicos. Pérdidas y ganancias son los instrumentos por medio de los cuales los consumidores pasan la dirección de las actividades de producción a las manos de los más apropiados para servirles. Lo que se haga para recortar o confiscar beneficios dificulta esta función. El resultado de tales medidas es aflojar la rienda que tenían los consumidores sobre el curso de la producción. La maquinaria económica se convierte, desde el punto de vista de la gente, en menos eficiente, y responde peor a esta.

Los celos del hombre común se dirigen contra los beneficios de los empresarios como si se usaran totalmente para el consumo. Por supuesto, se consume parte de ellos. Pero solo obtienen riquezas e influencia en el ámbito de los negocios aquellos empresarios que consumen solo una fracción de sus ganancias y reinvierten la mayor parte en sus empresas. Lo que hace que los pequeños negocios se conviertan en grandes empresas no es el gasto, sino el ahorro y la acumulación de capital.

6. Pérdidas y ganancias en la economía en progreso y en retroceso

Llamamos economía estacionaria a una economía en la que la cuota por cabeza de la renta y riqueza de los individuos permanece constante. En esa economía lo que los consumidores gasten de más en la compra de algunos artículos debe ser igual a lo que gasten de menos en otros. La cantidad total de ganancias obtenidas por una parte de los empresarios es igual a la cantidad total de pérdidas sufrida por otros.

Un exceso en la suma de todos los beneficios obtenidos en toda la economía por encima de la suma de todas las pérdidas sufridas aparece solo en una economía en progreso, es decir, en una economía en la que aumenta la cuota de capital por cabeza. Este aumento es un efecto del ahorro que añade nuevos bienes de capital a l cantidad ya previamente disponible. El aumento del capital disponible crea desajustes en la medida en que produce una discrepancia entre el estado actual de la producción y ese estado que hace posible el capital adicional. Gracias a la aparición de capital adicional, ciertos proyectos que hasta entonces no podían ejecutarse se convierten en viables. Al dirigir el nuevo capital hacia aquellos canales en los que satisface los deseos más urgentes de los consumidores no satisfechos previamente, los empresarios consiguen ganancias que no se contrarrestan por las pérdidas de otros empresarios.

El enriquecimiento que genera el capital adicional va solo en parte a aquellos que lo han creado ahorrando. El resto va, al aumentar la productividad marginal del trabajo y por tanto los niveles salariales, a los asalariados y, al aumentar los precios de determinadas materias primas y alimentos, a los propietarios de terrenos y finalmente, a los empresarios que integran este nuevo capital en proceso de producción más económicos. Pero mientras que la ganancia de los asalariados y los terratenientes es permanente, los beneficios de los empresarios desaparecen una vez se completa esta integración. Los beneficios de los empresarios con, como ya se ha mencionado, un fenómeno permanente solo debido al hecho de que los desajustes aparecen diariamente de nuevo por la eliminación de cuyos beneficios se obtienen.

Recurramos sin embargo al concepto de renta nacional empleado en la economía popular. Es evidente que en una economía estacionaria ninguna parte de la renta nacional va a beneficios. Solo en una economía en progreso hay un exceso de beneficios totales sobre pérdidas totales. La creencia popular de que los beneficios son una deducción de la renta de trabajadores y consumidores en completamente falsa. Si queremos aplicar el término deducción al asunto, tenemos que decir que este exceso de ganancias sobre pérdidas, así como los aumentos de los asalariados y terratenientes se deducen de las ganancias de aquellos cuyo ahorro produjo el capital adicional. Es su ahorro el vehículo para la mejora económica, el que hace posible el empleo de las innovaciones tecnológicas y aumenta la productividad y el nivel de vida. Es la actividad de los empresarios la que se ocupa del empleo más económico del capital adicional. Al no ahorrar, ni trabajadores ni terratenientes contribuyen en nada a la aparición de las circunstancias que generan lo que se llama progreso y mejora económica. Se benefician del ahorro de otra gente que crea capital adicional por un lado y de la acción empresarial que dirige este capital adicional hacia la satisfacción de los deseos más urgentes por el otro. Una economía en retroceso es una economía en la que disminuye la cuota por cabeza de capital invertido. En esa economía la cantidad total de pérdidas en las que incurren los empresarios excede la cantidad total de beneficios obtenidos por otros empresarios.

7. El cálculo de pérdidas y ganancias

Las categorías praxeológicas originales de pérdidas y ganancias son cualidades psíquicas y no son reducibles a ninguna descripción interpersonal en términos cuantitativos. Son magnitudes de intensidad. La diferencia entre el valor de un fin alcanzado y el de los medios aplicados para su logro es una ganancia si es positiva y una pérdida si es negativa.

Cuando hay división social de esfuerzos y cooperación, así como propiedad privada de los medios de producción, el cálculo económico en términos de unidades monetarias se hace posible y necesario. Las pérdidas y ganancias son calculables como fenómenos sociales. El fenómeno psíquico de las pérdidas y ganancias, de donde derivan en último término, siguen por supuesto siendo magnitudes de intensidad incalculables.

El hecho de que en el marco de la economía de mercado, la ganancia y pérdida empresarial estén determinadas por operaciones aritméticas ha hecho equivocarse a mucha gente. No ven que lo esencial que entra en este cálculo son las estimaciones derivadas de la comprensión concreta del empresario del estado futuro del mercado. Piensan que estos cálculos están abiertos a examen y verificación o alteración por parte de un experto desinteresado. Ignoran en hecho de que esos cálculos son por lo general parte propia de la previsión especulativa del empresario de condiciones futuras inciertas.

Para el objetivo de este ensayo basta con referirse a uno de los problemas de la contabilidad de costes. Uno de los elementos de una factura de costes es el establecimiento de la diferencia entre el precio pagado por la adquisición de los que se llama habitualmente el equipo duradero de producción y su valor actual. Este valor actual es el dinero equivalente a la contribución que hará este equipo a las ganancias futuras. No hay certidumbre acerca del estado futuro del mercado y del volumen de estas ganancias. Solo puede determinarse por una previsión especulativa por parte del empresario. Es absurdo llamar a un experto y sustituir con su juicio arbitrario el del empresario. El experto es objetivo en la medida en que no se vea afectado por un error cometido. Pero el empresario expone su propio bienestar material.

Por supuesto, la ley determina magnitudes de lo que llama pérdidas y ganancias. Pero estas magnitudes no son idénticas a los conceptos económicos de pérdidas y ganancias y no deben confundirse. Si una ley fiscal califica de ganancia a una magnitud, en la práctica determina la cantidad de impuestos debidos. Llama a esta magnitud beneficio porque quiere justificar su política fiscal a los ojos del público. Sería más correcto que el legislador omitiera el término ganancia y simplemente hablara de las base de cálculo del impuesto correspondiente.

La tendencia de las leyes fiscales es a calcular lo que llaman ganancias tan alto como sea posible para aumentar los ingresos públicos inmediatos. Pero hay otras leyes que siguen una tendencia a restringir la magnitud de lo que llaman ganancia. Los códigos comerciales de muchas naciones estaban y están guiados por el intento de proteger los derechos de los acreedores. Buscan restringir lo que llaman ganancias para impedir que el empresario las elimine en exceso de la empresa o corporación en perjuicio de acreedores y en su propio beneficio. Fueron estas tendencias las que operaron en la evolución de las costumbres comerciales respecto del volumen habitual de las cuotas de amortización.

Hoy no hay necesidad de obsesionarse con el problema de la falsificación del cálculo económico bajo condiciones inflacionistas. Todos empiezan a comprender el fenómeno de las ganancias ilusorias, consecuencia de las grandes inflaciones de nuestro tiempo.

La incapacidad de entender los efectos de la inflación sobre los métodos habituales de calcular las ganancias originó el concepto moderno de *exceso de ganancias*. A un empresario se le califica de receptor de ganancias excesivas si sus cuentas de pérdidas y ganancias, calculadas en términos de una divisa sujeta a una inflación en rápida progresión, muestra ganancias que otra gente considera "excesivas". Ha pasado muy a menudo en muchos países que las cuentas de pérdidas y ganancias de dicho empresario, cuando se calculan en términos de divisa no inflada o menos inflada, no solo no muestran ninguna ganancia en absoluto, sino pérdidas considerables.

Aunque olvidáramos cualquier referencia al fenómeno de los beneficios ilusorios inducidos por la inflación, es evidente que el calificativo de receptor de ganancias excesivas es la expresión de un juicio arbitrario de valor. No hay otro patrón disponible para la distinción entre ganancias excesivas y ganancias justas que el que proporcionan la envidia y el resentimiento personales del censor.

Es verdaderamente extraño que una eminente lógica, la veterana L. Susan Stebbing, dejara de percibir por completo el asunto referido. La profesora Stebbing igualaba el concepto de exceso de ganancias a conceptos que se refieren a una clara distinción de tal naturaleza que no puede dibujarse una línea clara entre extremos. La distinción entre ganancias excesivas y "ganancias legítimas", declaraba, está clara, aunque no sea una distinción evidente.2 Pero esta distinción solo está clara en referencia a un acto de legislación que define el término ganancias excesivas usado en su contexto. Pero eso no es lo que Stebbing tiene en la cabeza. Destacaba explícitamente que esas definiciones legales se hacían "de una manera arbitraria para los fines prácticos de la administración". Utilizaba el término *legítimo* sin ninguna referencia a las disposiciones legales y sus definiciones. ¿Pero es permisible emplear el término legítimo sin referencia a ningún patrón desde cuyo punto de vista el asunto en cuestión se considere como legítimo? ¿Y hay algún otro patrón disponible para la distinción entre ganancias extraordinarias y legítimas que no sea el proporcionado por juicios personales de valor?

La profesora Stebbing se refería a los famosos argumentos *acervus* y *calvus* de los antiguos lógicos. Muchas palabras son vagas en la medida en que se aplican a características que pueden poseerse en diversos grados. Es imposible marcar una línea clara entre los que son calvos y los que no. Es imposible definir con precisión el concepto de calvicie. Pero lo que no advertía la profesora Stebbing es que la característica según la cual la gente distingue entre los calvos y los que no los son está abierta a una definición precisa. Es la presencia o ausencia de cabello en la cabeza de una persona. Es una señal clara y no ambigua cuya presencia o ausencia se establece por observación y se expresa proposiciones acerca de su existencia. Lo que es vago es

---

2 Cf. L. Susan Stebbing, *Thinking to Some Purpose*. (Pelican Books A44), pp. 185-187.

meramente la determinación del punto en el que la no calvicie se convierte en calvicie. La gente puede discrepar con respecto a la determinación de este punto. Pero su desacuerdo se refiere a la interpretación de la convención que atribuye cierto significado a la palabra calvicie. No hay implícitos juicios de valor. Por supuesto, puede ocurrir que la diferencia de opinión se deba en un caso concreto a un partidismo. Pero eso es otra cosa.

La vaguedad de palabras como calvo es la misma que es propia en los numerales y pronombres indefinidos. El lenguaje necesita esos términos para muchos fines ya que la comunicación diaria entre hombres de un establecimiento aritmético exacto de cantidades resulta superfluo y demasiado fastidioso. Los lógicos se equivocan mucho al intentar atribuir a esas palabras cuya vaguedad es intencionada y sirve a fines concretos la precisión de los numerales definidos. Para una persona que planea visitar Seattle, le basta la información de que hay muchos hoteles en la ciudad. Un comité que planee realizar una convención en Seattle necesita información precisa acerca del número de camas de hotel disponibles.

El error de la profesora Stebbing consistía en la confusión de proposiciones existenciales con juicios de valor. Su falta de familiaridad con los problemas de la economía que muestran sus por otro lado valiosos escritos, le llevan por mal camino. No habría cometido ese error en un campo que hubiera conocido mejor. No habría declarado que hay una distinción clara entre los "derechos legítimos" de un autor y sus "derechos ilegítimos". Habría entendido que el volumen de los derechos depende de la apreciación del público de un libro y que un observador que critique el volumen de los derechos expresa únicamente su juicio personal de valor.

B. La condena del beneficio

1. La economía y la abolición del beneficio

Quienes rechazan el beneficio empresarial como "inmerecido" quieren decir que es un lucro injustamente arrebatado a los trabajadores o a los consumidores o a ambos. Esa es la idea que subyace en el supuesto "derecho al producto completo del trabajo" y la doctrina marxista de la explotación. Puede decirse que la mayoría de los gobiernos (si no todos) y la inmensa mayoría de nuestros contemporáneos apoyan en su mayor parte esta opinión aunque algunos sean lo suficientemente generosos como para aceptar la sugerencia de que una fracción de lo beneficios debería quedar para los "explotadores".

No tiene sentido discutir acerca de la adecuación de los preceptos éticos. Derivan de la intuición; son arbitrarios y subjetivos. No hay ningún patrón objetivo disponible con respecto al cual puedan juzgarse. Los fines últimos se elegidos por los juicios de valor de los individuos. No pueden determinarse por investigación científica y razonamiento lógico. Si un hombre dice: "Esto es lo que quiero cualesquiera que sean las consecuencias de mi conducta y el precio que tenga que pagar", nadie está en disposición de oponer ningún argumento contra él. Pero la cuestión es si es realmente cierto que este hombre esté dispuesto a pagar cualquier precio por alcanzar dicho fin. Si esta última pregunta se responde negativamente, puede ser posible entrar a examinar el asunto correspondiente.

Si hubiera realmente gente que esté dispuesta a asumir todas las consecuencias de la abolición del beneficio, por muy perjudiciales que le sean, no sería posible que la economía se ocupara del problema. Pero no es el caso. Quienes quieren abolir el beneficio están guiados por la idea de que esta confiscación mejoraría el bienestar material de todos los no empresarios. A sus ojos, la abolición del beneficio no es un fin último, sino un medio para alcanzar un fin concreto, que es el enriquecimiento de los no empresarios. El que pueda alcanzarse realmente este fin por el empleo de estos medios y si el empleo de estos medios produce quizá algunos otros efectos que puedan ser menos deseables para algunas personas o todas que las condiciones antes de emplear esos medios, son cuestiones que la economía tiene que examinar.

2. Las consecuencias de la abolición del beneficio

La idea de abolir el beneficio en favor de los consumidores implica que el empresario debería verse obligado a vender los productos a precios que no excedan los costes de producción gastados. Como tales precios están, para todos los artículos cuya venta habría producido beneficio, por debajo del precio potencial de mercado, la oferta disponible no basta para hacer posible que todos los que quieran comprar a estos precios adquieran los artículos. El mercado se paraliza por el decreto de precios máximos. Ya no puede asignar los productos a los consumidores. Debe adoptarse un sistema de racionamiento.

La sugerencia de abolir el beneficio del empresario en favor de los empleados no busca la abolición del beneficio. Busca quitarlo de las manos del empresario y entregarlo a sus empleados.

Bajo ese plan, la incidencia de las pérdidas incurridas recaería en el empresario, mientras que los beneficios irían a los empleados. Es probable que el efecto de esta disposición consistiera en hacer que aumentaran las pérdidas y disminuyeran los beneficios. En todo caso, una mayor parte de los beneficios se consumirían y una menor se ahorrarían y reinvertirían en la empresa. No habría capital disponible para la creación de nuevas ramas de producción y para la transferencia de capital de ramas que (de acuerdo con la demanda de los clientes) deberían disminuir a ramas que deberían expandirse. Pues esto dañaría los intereses de los empleados en una empresa o sector concreto al restringir el capital empleado en estos y transferirlo otra empresa o sector. Si se hubiera adoptado ese plan hace un siglo, todas las innovaciones conseguidas en este periodo habrían resultado imposibles. Si, por seguir con el argumento, estuviéramos dispuestos a olvidar cualquier referencia al problema de la acumulación de capital, aún tendríamos que darnos cuenta de que dar el beneficio a los empleados debe generar rigidez en el estado de producción una vez alcanzado e impedir cualquier ajuste, mejora y progreso.

De hecho, el plan transferiría la propiedad del capital invertido a las manos de los empleados. Sería equivalente al establecimiento del sindicalismo y generaría todos los efectos del sindicalismo, un sistema que ningún autor o reformista ha tenido nunca el valor de defender abiertamente.

Una tercera solución al problema sería confiscar todos los beneficios obtenido por los empresarios en favor del estado. Un impuesto del 100% sobre los beneficios lograría este objetivo. Transformaría a los empresarios en administradores irresponsables de todas las fábricas y talleres. Ya no estarían sujetos a la supremacía del público comprador. Serían solo gente que tendría el poder de ocuparse de la producción como les pareciera.

Las políticas de todos los gobiernos contemporáneos que no han adoptado abiertamente el socialismo aplican estos tres planes conjuntamente. Confiscan por diversas medidas de control de precios una parte de los beneficios potenciales en supuesto beneficio de los consumidores. Apoyan a los sindicatos en sus esfuerzos por apropiarse, bajo el principio de capacidad de pago de la determinación de los salarios, de una parte de los beneficios de los empresarios. Y, en último lugar, tratan de confiscar, mediante impuestos progresivos de la renta, impuestos especiales sobre sociedades e impuestos a las "ganancias excesivas", una parte cada vez mayor de los beneficios en forma de ingresos públicos. Puede verse fácilmente que estas políticas, si continúan, pronto conseguirán abolir completamente el beneficio empresarial.

El efecto conjunto de la aplicación de estas políticas ya está aumentando el caos. El efecto final sería la consecución completa del socialismo al ahuyentar a los empresarios. El capitalismo no puede sobrevivir a la abolición del beneficio. Son las pérdidas y ganancias las que obligan a los capitalistas a emplear su capital para el mejor servicio posible a los consumidores. Son las pérdidas y ganancias las que hacen a esas personas supremas en la dirección de los negocios que son más apropiados para satisfacer al público. Si se abole el beneficio, se produce el caos.

3. Los argumentos contra el beneficio

Todas las razones aportadas a favor de una política contra el beneficio son resultado de una interpretación errónea del funcionamiento de la economía de mercado.

Los magnates son demasiado poderosos, demasiado ricos y demasiado grandes. Abusan de su poder para su propio enriquecimiento. Son tiranos irresponsables. La grandeza de una empresa es en sí misma un mal. No hay razón por la que algunos hombres posean millones mientras otros son pobres. La riqueza de unos pocos es la causa de la pobreza de las masas.

Cada palabra de esta apasionada denuncia es falsa. Los hombres de negocios no son tiranos irresponsables. Es precisamente la necesidad de obtener ganancias y evitar pérdidas lo que da a los consumidores un dominio firme sobre los empresarios y les obliga a cumplir con los deseos de la gente. Lo que hace grande una empresa es su éxito en cumplir mejor las demandas de los compradores. Si la empresa mayor no sirve mejor a la gente que la menor, haría mucho que se habría reducido hasta ser pequeña. No hay ningún daño en que un empresario trabaje para enriquecerse aumentando sus beneficios. El empresario tiene como como tal solo una tarea: buscar el máximo beneficio posible. Los grandes beneficios son la prueba de un buen servicio ofrecido al ofertar a los consumidores. Las pérdidas son la prueba de los errores cometidos, del fracaso en llevar a cabo satisfactoriamente las tareas que incumben a un empresario. Las riquezas de los empresarios de éxito no son la causa de la pobreza de nadie: son la consecuencia del hecho de que los consumidores están mejor atendidos de lo que habrían estado en ausencia del trabajo del empresario. La penuria de millones en los países subdesarrollados no está causada por la opulencia de nadie: es el resultado del hecho de que a su país le faltan empresarios que hayan adquirido riquezas. El nivel de vida del hombre común es más alto en aquellos países que tienen el mayor número de empresarios ricos. El mayor interés material de todos es que el control de los factores de producción se concentre en manos de los que saben cómo utilizarlos de la manera más eficiente.

El objetivo declarado de las políticas de todos los gobiernos y partidos políticos actuales es impedir la aparición de nuevos millonarios. Si esta política se hubiera adoptado en Estados Unidos hace cincuenta años, el crecimiento de las industrias productoras de nuevos artículos se habría atrofiado. Vehículos a motor, neveras, radios y cientos de innovaciones menos espectaculares pero incluso más útiles no se habrían convertido en equipos habituales en las familias estadounidenses.

El asalariado medio piensa que no hace falta nada más para mantener en marcha el aparato social de producción y mejorar y aumentar la producción que la rutina de trabajo comparativamente sencilla que se le asigna. No se da cuenta de que no basta el mero trabajo del que sigue la rutina. Diligencia y habilidad se emplean en vano si no se dirigen hacia el objetivo más importante mediante la previsión del empresario y no se ven ayudadas por el capital acumulado por los capitalistas. El trabajador estadounidense se equivoca lamentablemente cuando cree que su alto nivel de vida se debe a su propia excelencia. No es más industrioso ni más hábil que los trabajadores de Europa Occidental. Debe su renta superior al hecho de que este país se atiene al "crudo individualismo" más que Europa. Tuvo suerte de que Estados Unidos pasara a una política anticapitalista cuarenta o cincuenta años después que Alemania. Sus salarios son superiores a los de los trabajadores del resto del mundo porque el equipamiento de capital por cabeza del empleado es más alto en Estados Unidos y porque el empresario estadounidense no está tan restringido por reglamentaciones obstaculizadoras como sus colegas en otras zonas. La prosperidad comparativamente mayor de Estados Unidos es un resultado del hecho de que el New Deal no llegó en 1900 o 1910, sino solo en 1933.

Si uno quiere estudiar las razones del atraso de Europa, sería necesario examinar las muchas leyes y regulaciones que impidieron en establecimiento en Europa del equivalente al drug store estadounidense e impidieron la evolución de cadenas de tiendas, grandes almacenes, supermercados y marcas de ropa. Sería importante investigar el esfuerzo del Reich alemán por proteger los métodos ineficaces de la *Handwerk* (artesanía) tradicional frente a la competencia de las empresas capitalistas. Más revelador aún sería un examen de la *Gewerbepolitik* austriaca, una política que desde principios de los ochenta buscaba conservar la estructura económica de tiempos anteriores a la Revolución Industrial.

La peor amenaza a la prosperidad y la civilización y al bienestar material de los asalariados es la incapacidad de los jefes sindicales, de los "economistas sindicales" y de los estratos menos inteligentes de los propios trabajadores en apreciar el papel que desempeñan los empresarios en la producción. La falta de conocimiento ha encontrado una expresión clásica en los escritos de Lenin. Según opinaba Lenin todo lo que requiere la producción aparte del trabajo manual del operario y el diseño de los ingenieros es "el control de la producción y la distribución", una tarea que puede realizarse fácilmente "por los trabajadores armados". Pues esta contabilidad y control "se ha *simplificado* al máximo en el capitalismo, hasta haberse convertido en operaciones extraordinariamente sencillas de ver, registrar y emitir recibos, al alcance de cualquiera que pueda leer y escribir y conozca las cuatro primeras reglas de la aritmética".3 No hacen falta más comentarios.

---

3 Lenin, *Estado y producción*, 1917 (edición inglesa de International Publishers, Nueva York, páginas 83-84). Las cursivas son de Lenin (o del traductor comunista).

4. El argumento igualitario

A los ojos de los partidos que se consideran progresistas e izquierdistas, el principal defecto del capitalismo es la desigualdad de rentas y riqueza. El fin último de sus políticas es establecer la igualdad. Los moderados quieren alcanzar este objetivo paso a paso; los radicales planean conseguirlo de golpe, con la eliminación revolucionario del modo capitalista de producción.

Sin embargo, al hablar de igualdad y pedir vehementemente su consecución, nadie defiende un recorte de su renta actual. La palabra igualdad se emplea en el lenguaje político contemporáneo siempre como nivelación por arriba de la renta de uno, nunca rebajándola. Significa conseguir más, no compartir la riqueza propia con gente que tiene menos.

Si el trabajador estadounidense del automóvil, del ferrocarril o compositor dice igualdad, quiere decir expropiar a los poseedores de acciones y bonos para su propio beneficio. No considera compartirlos con los trabajadores no cualificados que ganan menos. En el mejor de los casos, piensa en la igualdad de todos los ciudadanos estadounidenses. Nunca se le ocurre que los pueblos de Latinoamérica, Asia y África puedan interpretar el postulado de la igualdad como igualdad mundial y no como igualdad nacional.

El movimiento político laborista, así como el movimiento sindical laborista anuncian ostentosamente su internacionalismo. Pero este internacionalismo es un mero gesto retórico sin significado sustancial alguno. En todo país en el que los salarios medios sean mayores que en cualquier otra zona, los sindicatos defienden barreras inmigratorias insuperables para impedir que "camaradas" y "hermanos" extranjeros compitan con sus propios miembros. Comparadas con las leyes anti-inmigración de las naciones europeas, las legislación inmigratoria de las repúblicas americanas es suave porque permite la inmigración de un número limitado de personas. Esas cuotas normales no existen en la mayoría de las leyes europeas.

Todos los argumentos aportados a favor de la igualación de rentas dentro de un país pueden asimismo, con la misma justificación o falta de ella, aportarse también a favor de la igualación mundial. Un trabajador estadounidense no tiene más derecho a reclamar los ahorros del capitalista estadounidense que cualquier extranjero. El que un hombre haya conseguido beneficios sirviendo a los consumidores y no haya consumido sus fondos sino reinvertido la mayor parte en equipamiento industrial no da a nadie un derecho válido para expropiar su capital en su propio beneficio. Pero si uno mantiene la opinión contraria, indudablemente no hay razón para atribuir a nadie un mejor derecho a expropiar que a otro. No hay razón para afirmar que solo los estadounidenses tienen derecho a expropiar a otros estadounidenses. Los mandamases de los negocios estadounidenses son descendientes de gente que emigró a Estados Unidos desde Inglaterra, Escocia, Irlanda, Francia, Alemania y otros países europeos. La gente de su país de origen contesta que tiene el mismo derecho que la gente estadounidense de apropiarse de lo adquirido por estos hombres. Los radicales estadounidenses se equivocan al creer que su programa social es idéntico o al menos compatible con los objetivos de los radicales de otros países. No lo es. Los radicales extranjeros no estarían de acuerdo en dejar a los estadounidenses, una minoría de menos del 7% de la población total mundial, lo que creen que es una posición privilegiada. Un gobierno mundial del tipo del que reclaman los radicales estadounidenses trataría de confiscar mediante un impuesto mundial de la renta todas las ganancias que obtiene un estadounidense medio por encima de la renta media de un trabajador chino o indio. Quienes cuestionen la corrección de esto, deberían acabar con sus dudas después de conversar con cualquiera de los líderes intelectuales de Asia.

Difícilmente habría algún iraní que califique las objeciones realizadas por el gobierno laborista británico contra la confiscación de los pozos de petróleo como otra cosa que una manifestación de espíritu más reaccionario de la explotación capitalista. Hoy los gobiernos solo se abstienen en la práctica de expropiar (por control del cambio de moneda, impuestos discriminatorios y dispositivos similares) las inversiones extranjeras si esperan conseguir en los próximos años más capital extranjero y ser así capaces en el futuro de expropiar aún más.

La desintegración del mercado mundial de capitales es uno de los efectos más importantes de la mentalidad anti-beneficios de nuestra época. Pero no menos desastroso es el hecho de que la mayor parte de la población mundial mire a Estados Unidos (no solo a los capitalistas estadounidenses sino asimismo a los trabajadores estadounidenses) con los mismos sentimientos de envidia, odio y hostilidad con los que, estimuladas por las doctrinas socialistas y comunistas, las masas de todo el mundo miran a los capitalistas de su propia nación.

5. Comunismo y pobreza

Un método habitual de ocuparse de los programas y movimientos políticos es explicar y justificar su popularidad refiriéndose a las condiciones que la gente encuentra insatisfactorias y los objetivos que trata de alcanzar con la puesta en marcha de estos programas.

Sin embargo, lo único que importa es si el programa referido es apropiado para conseguir los fines buscados. Un mal programa y una mala política no pueden explicarse nunca y menos justificarse apuntando a las condiciones insatisfactorias de sus originadores y defensores. Lo único que importa es si estas políticas pueden o no eliminar o aliviar los males que pretenden remediar.

Pero casi todos nuestros contemporáneos declaran una y otra vez: Si quieres tener éxito en combatir al comunismo, el socialismo y el intervencionismo, debes primero mejorar las condiciones materiales del pueblo. La política de laissez faire s dirige precisamente a hacer más próspero al pueblo. Pero no pudo tener éxito al verse empeorada cada vez más por medidas socialistas e intervencionistas.

A muy corto plazo, las condiciones de una parte del pueblo pueden mejorarse expropiando a los empresarios y capitalistas y distribuyendo el botín. Pero esos caminos depredadores, que incluso el *Manifiesto Comunista* describía como "despóticos" y como "económicamente insuficientes e injustificables", sabotean el funcionamiento de la economía de mercado, empeoran enseguida las condiciones de todo el pueblo y frustran la labor de los empresarios y capitalistas por hacer más prósperas a las masas. Lo que es bueno por un instante que se desvanece rápidamente (es decir, al más corto plazo), muy pronto (es decir, a largo plazo) genera las consecuencias más perjudiciales.

Los historiadores se equivocan al explicar el auge del nazismo refiriéndose a las adversidades y dificultades reales o imaginarias del pueblo alemán. Lo que hizo que los alemanes apoyaran casi unánimemente los veinticinco puntos del programa "inalterable" de Hitler no fueron algunas condiciones que consideraran insatisfactorias, sino su expectativa de que la puesta en marcha de su programa eliminaría sus quejas y les haría más felices. Acudieron al nazismo porque les faltó sentido común e inteligencia. No fueron suficientemente juiciosos como para reconocer a tiempo los desastres que el nazismo estaba condenado a producirles.

La inmensa mayoría de la población mundial es extremadamente pobre cuando se compara con el nivel medio de vida de las naciones capitalistas. Pero esta pobreza no explica su tendencia a adoptar el programa comunista. Son anticapitalistas porque están cegados por la envidia, son ignorantes y demasiado perezosos como para apreciar correctamente las causas de sus problemas. Solo hay un medio de mejorar sus condiciones materiales, que es convencerlos de que solo el capitalismo puede hacerlos más prósperos.

El peor método para luchar contra el comunismo es el del Plan Marshall. Da a los receptores la impresión de que solo Estados Unidos está interesado en la conservación del sistema de los beneficios mientras que sus propias preocupaciones requieren un régimen comunista. Estados Unidos, piensan, les ayuda porque su pueblo tiene mala conciencia. Se embolsan su soborno pero sus simpatías van al sistema socialista. Las subvenciones estadounidenses hacen posible que sus gobiernos oculten parcialmente los efectos desastrosos de las diversas medidas socialistas que han adoptado.

La pobreza no es la fuente del socialismo, sino los presupuestos ideológicos falsos. La mayoría de nuestros contemporáneos rechazan de plano, sin haberlas estudiado nunca, todas las enseñanzas de economía como un sinsentido apriorístico. Solo puede confiarse en la experiencia, sostienen. ¿Pero hay alguna experiencia que pueda hablar en favor del socialismo?

Responde el socialista: Pero el capitalismo crea pobreza: mirad a India y China. La objeción es inútil. Ni India ni China han establecido nunca capitalismo. Su pobreza es el resultado de la ausencia de capitalismo.

Lo que ocurrió en estos y otros países subdesarrollados fue que se beneficiaron desde el exterior de algunos de los frutos del capitalismo sin haber adoptado el modo capitalista de producción. Capitalistas europeos, y en años recientes también estadounidenses, invirtieron capital en sus zonas y aumentaron así la productividad marginal del trabajo y los niveles salariales. Al mismo tiempo, estos pueblos recibieron del exterior los medios para luchar contra enfermedades contagiosas, medicamentos desarrollados en los países capitalistas. Consecuentemente, las tasas de mortalidad, especialmente la mortalidad infantil, cayeron considerablemente. En los países capitalistas esta prolongación de la vida media se vio parcialmente compensada por una caída en la tasa de natalidad. Al aumentar la acumulación de capital más rápidamente que la población, creció constantemente la cuota por cabeza de capital invertido. Estas naciones impidieron con sus políticas la importación de capital extranjero y la acumulación de capital nacional. El efecto conjunto de la alta tasa de natalidad y la ausencia de un aumento en el capital es, por supuesto, el aumento de la pobreza.

Solo hay un medio para mejorar el bienestar material de los hombres, que es acelerar el aumento en el capital acumulado respecto de la población. Ninguna elucubración psicológica, por muy compleja que sea, puede alterar este hecho. No hay excusa alguna para seguir políticas que no solo fracasarán en alcanzar los fines buscados, sino que incluso empeorarán seriamente las condiciones.

6. La condena moral del motivo del beneficio

Tan pronto como se plantea el problema del beneficio, la gente se traslada de la esfera praxeológica a la esfera de los juicios éticos de valor. Luego todos se glorían con la aureola de un santo y un asceta. Ellos no se preocupan por el dinero y el bienestar material. Sirven a sus conciudadanos altruistamente lo mejor que pueden. Luchan por cosas más elevadas y nobles que la riqueza. Gracias a Dios, no son de esos egoístas conseguidores de beneficios.

Se acusa a los empresarios porque lo único que tienen en la cabeza es tener éxito. Pero todos (sin excepción) al actuar buscan alcanzar un fin concreto. La única alternativa al éxito es el fracaso y nadie quiere nunca fracasar. Es la misma esencia de la naturaleza humana el que el hombre busque sustituir una estado menos satisfactorio de las coas por uno más satisfactorio. Lo que distingue al hombre decente del bandido son los diferentes objetivos que buscan y los distintos medios a los que recurren para alcanzar los objetivos elegidos. Pero ambos quieren tener éxito en algún sentido. Lógicamente resulta inaceptable distinguir entre gente que busca el éxito y gente que no.

Prácticamente todos buscan mejorar las condiciones materiales de su existencia. A la opinión pública no les molestan los esfuerzos de granjeros, trabajadores, oficinistas, maestros, doctores, pastores y gente de muchas otras profesiones que ganen tanto como puedan. Pero censura a los capitalistas y empresarios por su avaricia. Aunque disfruta sin escrúpulos de todos los bienes que producen los negocios, el consumidor condena duramente el egoísmo de los proveedores de esta mercancía. No se da cuenta de que él mismo crea su beneficio al buscar las cosas que tienen que vender.

El hombre medio tampoco comprende que los beneficios son indispensables para dirigir las actividades de negocio a los canales en los que mejor le sirven. Ve los beneficios como si su única función fuera permitir a los receptores consumir más que él. No se da cuenta de que su función principal es conducir los factores de producción a las manos de quienes mejor los utilicen para sus propios fines. Piensa que no renuncia a convertirse en empresario por escrúpulos morales. Elige una postura de un rendimiento más modesto porque le faltan las habilidades necesarias para ser empresario o, en casos verdaderamente raros, porque sus inclinaciones le impulsan a entrar en otra carrera.

La humanidad tendría que estar agradecida a aquellos hombres excepcionales que por su celo científico, entusiasmo humanitario o fe religiosa sacrificaron sus vidas, salud y riquezas al servicio de sus congéneres. Pero los ignorantes practican el autoengaño al compararse con los pioneros de la aplicación médica de los rayos X o con monjas que atienden a gente atacada por la peste. No es la autonegación la que hace que el médico medio elija una carrera médica, sino la expectativa de conseguir una posición social respetada y una renta apropiada.

Todos desean cobrar por sus servicios y logros tanto como puedan obtener. En este aspecto, no hay diferencia entre trabajadores, sindicalizados o no, pastores y maestros por un lado y empresarios por el otro. Ninguno de ellos tiene derecho a hablar como si fuera San Francisco de Asís.

No hay otro patrón de lo que es bueno y malo moralmente que los efectos producidos por la conducta sobre la cooperación social. Un individuo (hipotético) aislado y autosuficiente no debería tener en cuenta al actuar nada más que su propio bienestar. El hombre social debe en todas sus acciones evitar permitirse ninguna conducta que altere el funcionamiento tranquilo del sistema de cooperación social. Al cumplir con la ley moral, el hombre no sacrifica sus propias preocupaciones a aquellas de una entidad mítica superior, se le llame clase, estado, nación, raza o humanidad. Aplaca algunas de sus necesidades, apetitos y avaricias instintivas, es decir, sus preocupaciones de acorto plazo, para servir mejor a sus propios intereses (correctamente entendidos o a largo plazo). Renuncia a una pequeña ganancia que podría conseguir instantáneamente por temor a perder una satisfacción mayor pero posterior. Alcanzar todos los fines humanos, sean los que sean, se condiciona por la conservación y posterior desarrollo de los lazos sociales y la cooperación humana. Lo que es un medio indispensable para intensificar la cooperación social y hacer posible que más gente sobreviva y disfrute de un nivel de vida más alto es moralmente bueno y socialmente deseable. Quienes rechacen este principio como no cristiano tendrían que considerar el texto: "para que tus días se alarguen en la tierra que Jehová tu Dios te da". Indudablemente no pueden negar que el capitalismo ha alargado los días del hombre más que en épocas precapitalistas.

No hay ninguna razón por la que capitalistas y empresarios deben avergonzarse de conseguir beneficios. Es una bobada que alguna gente trate de defender el capitalismo estadounidense declarando: "El historial de los negocios estadounidenses es bueno: los beneficios no son demasiado altos". La función de los empresarios es conseguir beneficios; los altos beneficios son la prueba de que han llevado a cabo bien su tarea de eliminar desajustes de la producción.

Por supuesto, por lo general capitalistas y empresarios no son santos excelsos en la virtud de la autonegación. Pero tampoco los son sus críticos. Y con toda la consideración debida a la sublime humildad de los santos, no podemos dejar de indicar el hecho que el mundo estaría en una condición bastante desolada estuviera poblado por hombres no interesados en la búsqueda del bienestar material.

7. La mentalidad estática

Al hombre medio le falta la imaginación para darse cuenta de que las condiciones de la vida y la acción están en un flujo continuo. Como lo ve, no hay cambio en los objetos externos que constituyen su bienestar. Su visión del mundo es estática y estacionaria. Refleja un entorno estancado. No sabe ni que el pasado era distinto del presente ni que prevalece la incertidumbre sobre las cosas futuras. No concibe en absoluto la función del empresario porque no es consciente de su incertidumbre. Como un niño que toma todo lo que le dan sus padres sin hacer preguntas, toma todos los bienes que les ofrecen los negocios. No es consciente de los esfuerzos que le proporcionan todo lo que necesita. Ignora el papel de la acumulación de capital y de las decisiones empresariales. Simplemente da por sentado que aparece una mesa mágica a su voluntad llena con todo aquello que desea disfrutar.

Esta mentalidad se refleja en la idea popular de la socialización. Una vez que se eliminen los parásitos capitalistas y empresarios, él mismo conseguirá todo los que solía consumir. Solo es un pequeño error en sus expectativas el que sobrevalore grotescamente el aumento en renta, si hay alguno, que cada individuo podría recibir de tal distribución. Mucho más grave es el hecho de que supone que lo único que hace falta para continuar con la producción en diversas fábricas de esos bienes que están produciéndose en el momento de la socialización de las maneras en que se estaban produciendo hasta entonces. No se tiene en cuenta la necesidad de ajustar la producción diariamente a las perpetuas condiciones cambiantes. El socialista diletante no entiende que una socialización realizada hace cincuenta años no habría socializado la estructura de los negocios como existe hoy, sino como una estructura muy diferente.

No piensa por un momento en el enorme esfuerzo que hace falta para transformar los negocios una y otra vez para proporcionar el mejor servicio posible.

La incapacidad del diletante de entender los asuntos esenciales de la dirección de los asuntos productivos no solo se manifiesta en los escritos de Marx y Engels. No aparece menos en las contribuciones de la pseudo-economía contemporánea.

La construcción imaginaria de una economía en rotación constante es una herramienta mental indispensable para el pensamiento económico. Para concebir la función de las pérdidas y ganancias, el economista construye la imagen de un estado de cosas hipotético aunque irrealizable en el que nada cambia, en el que el mañana no difiere en absoluto del hoy y en el que consecuentemente no pueden aparecer desajustes y no aparece ninguna necesidad de alteración en la dirección de los negocios. En el marco de esta construcción imaginaria no hay empresarios ni pérdidas ni ganancias empresariales. Las ruedas giran espontáneamente por decirlo así. Pero el mundo real en el que viven y tienen que trabajar los hombres nunca puede duplicar el mundo hipotético de esta construcción mental.

Uno de los principales defectos de los economistas matemáticos es que tratan esta economía en rotación constante (la llaman el estado estático) como si fuera algo realmente existente. Obsesionados por la mentira de que la economía ha de tratarse con métodos matemáticos, concentran sus esfuerzos en el análisis de estados estáticos que, por supuesto, permiten una descripción en series de ecuaciones diferenciales simultáneas. Pero este tratamiento matemático evita cualquier referencia a los problemas reales de la economía. Se dedica a un juego matemático bastante inútil sin añadir nada a la comprensión del problema de la acción y la producción humanas. Crea el error como si el análisis de los estados estáticos fuera la principal preocupación de la economía. Confunde con la realidad una simple herramienta de trabajo para pensar.

El economista matemático está tan cegado por su prejuicio epistemológico que simplemente no puede ver cuál es la tarea de la economía. Ansía demostrarnos que el socialismo es realizable bajo condiciones estáticas. Como las condiciones estáticas, como admite él mismo, son irrealizables, esto equivale simplemente a la afirmación de que en un estado irrealizable del mundo el socialismo sería factible. ¡Un resultado muy valioso, de verdad, para cientos de años de trabajo conjunto de cientos de autores, enseñado en todas las universidades, publicado en innumerables libros de texto y monografías y en múltiples revistas científicas!

No existe una economía estática. Todas las conclusiones derivadas de la preocupación por la imagen de estados estáticos y equilibrios estáticos no valen para la descripción del mundo como es y será siempre.

C. La altenativa

Un orden social basado en el control privado de los medios de producción no puede funcionar sin la acción empresarial y en beneficio empresarial y por supuesto, la pérdida empresarial. La eliminación del beneficio, sean cuales sean los métodos a los que se recurra para su ejecución, debe transformar la sociedad en un revoltijo sin sentido. Crearía pobreza para todos.

En un sistema socialista no hay ni empresarios ni beneficio o pérdida empresarial. El director supremo de la comunidad socialista tendría, sin embargo, que sufrirlos, después de que un exceso de ganancias sobre los costes, de la misma manera que hacen los empresarios bajo el capitalismo. No es tarea de este ensayo ocuparse del socialismo. Por tanto no es necesario destacar el punto de que, al no ser capaces de aplicar ningún tipo de cálculo económico, el jefe socialista nunca sabría cuáles son los costes y cuales las ganancias de sus operaciones.

Lo que importa en este contexto es simplemente el hecho de que no hay ningún tercer sistema viable. No puede haber un sistema no socialista sin beneficio y pérdida empresariales. Los esfuerzos por eliminar los beneficios del sistema capitalista son sencillamente destructivos. Desintegran el capitalismo sin poner nada en su lugar. Es esto lo que tenemos en la cabeza al mantener que llevarían al caos.

Los hombres deben elegir entre capitalismo y socialismo. No pueden eludir este dilema recurriendo a un sistema capitalista sin beneficio empresarial. Cada paso hacia la eliminación del beneficio es progresar en el camino hacia la desintegración social.

Al optar entre capitalismo y socialismo la gente está implícitamente optando también entre todas las instituciones sociales que son la compañía necesaria de cada uno de estos sistemas, su "superestructura", como decía Marx. Si el control de la producción se quita de las manos de los empresarios, elegidos diariamente en el plebiscito de los consumidores, para ponerlo en las manos de comandante supremo de los "ejércitos industriales" (Marx y Engels) o de los "trabajadores armados" (Lenin), ningún gobierno representativo ni libertad civil pueden sobrevivir. Wall Street, contra la que están batallando los autodenominados idealistas, es simplemente un símbolo. Pero los muros de las prisiones soviéticas dentro de las cuales desaparecen para siempre los disidentes son un duro hecho.

EN LA MISMA COLECCIÓN

7. Lorenzo Infantino
El Papa Francisco.
La sociedad abierta y la doctrina social de la iglesia
42 páginas

8. Murray N. Rothbard
Anatomía del Estado
60 páginas

9. Murray N. Rothbard
Keynes, el hombre
96 páginas

10. Frank Chodorov
Los impuestos son un robo
70 páginas

11. Lysander Spooner
Sin traición.
La Constitución no tiene autoridad
116 páginas

12. Lysander Spooner
Los vicios no son delito
70 páginas

13. Carl Menger
Sobre la Teoría del Capital
88 páginas

14. Frédéric Bastiat
La ley
84 páginas

**Para más información,
véase nuestra página web**
www.unioneditorial.es